Rebecca Stabbert

Massenmedium Fernsehen - Einflüsse von Werbung u
der Kinder

Rebecca Stabbert

Massenmedium Fernsehen - Einflüsse von Werbung und Konsum auf Denken und Handeln der Kinder

GRIN Verlag

Bibliografische Information der Deutschen Nationalbibliothek: Die Deutsche Bibliothek
verzeichnet diese Publikation in der Deutschen Nationalbibliografie; detaillierte bibliografische Daten sind im Internet über http://dnb.d-nb.de/ abrufbar.

1. Auflage 2005
Copyright © 2005 GRIN Verlag
http://www.grin.com/
Druck und Bindung: Books on Demand GmbH, Norderstedt Germany
ISBN 978-3-638-77517-5

Universität Rostock
Institut für Germanistik
Vorlesung: Kommunikation und Öffentlichkeit

Thema:

Massenmedium Fernsehen,
Einflüsse von Werbung und Konsum auf Denken
und Handeln der Kinder

eingereicht von:
Rebecca Stabbert

3. Fachsemester
BA Germanistik/ Sprachliche Kommunikation
und Kommunikationsstörung

Inhaltsverzeichnis

1. Einleitung - 3 -

2. Hauptteil - 4 -

   2.1. Begriffsdefinition - 4 -

      2.1.1. Massenmedien - 4 -

      2.1.2. Werbung - 5 -

   2.2. Mittel der Werbung - 6 -

   2.3. Ziele der Werbung - 7 -

   2.4. Werbung und Konsum in der kindlichen Lebenswelt - 8 -

3. Schluss - 15 -

4. Literaturverzeichnis - 16 -

1. Einleitung

Seit der Erfindung des Fernsehers ist es für die Unternehmen leichter geworden ihre Produkte anzubieten und in die Haushalte zu bringen. Mit anfänglichen einfachen Anpreisungen des Produktes, werden nun heute kleine Alltagsgeschichten um das Produkt geformt um es attraktiv wirken zu lassen. Der Fernseher als Massenmedium ist heute nicht mehr wegzudenken.

So selbstverständlich erleben und wachsen auch die Kinder in die Medien- und Konsumwelt hinein. Schon in den jüngsten Jahren werden sie mit dieser Welt konfrontiert und es gibt kaum noch Möglichkeiten sie der Werbung zu entziehen. Auf der Straße werben große Plakatwände für bestimmte Produkte und die Kinderserien im Fernseher werden für die Werbung verkürzt. Bei diesen Werbeblöcken werden gezielt Konsumgüter gezeigt, die kindgerecht sind und die Wünsche dieser wecken. Das Kind als „selbstständiger Konsument" wurde von den Unternehmen schon längst entdeckt und ist zu einer stark umworbenen Zielgruppe geworden.

Kinder sind als Konsumenten von morgen interessant und in der Familie bei bestimmten Produkten „Markendurchsetzer" und „Kaufentscheider".

Aus diesem Grund bleibt es zu untersuchen, inwiefern Kinder von der Werbung beeinflusst werden und welche Verwendungsmittel dabei im Vordergrund stehen. Ebenso auch, wie Kinder mit der Werbung umgehen können, da sie bereits zum Freizeitbereich gehört. Werbung funktioniert als Stimmungs- und Sympathieträger und lebt den Kindern Wunschwelten vor. Nicht nur durch den Fernseher, sondern auch im Freundeskreis unterliegen die Kinder dem Einfluss der Werbung in Form von Markenartikeln.

3

2. Hauptteil

2.1. Begriffsdefinition

2.1.1. Massenmedien

Der Begriff „Medium" wird in der Werbung als synonymer Begriff für „Werbeträger" verwendet, welcher gewissermaßen „das Transportinstrument für das Werbemittel ist".[1]

Weitergehend wird der Begriff „Massenmedium" im Zusammenhang mit der zwischenmenschlichen Kommunikation gesehen und meint in der Umgangssprache ein „Mittel oder einen Mittler bzw. etwas Vermittelndes".[2] Danach sind die Massenmedien alle Einrichtungen der Gesellschaft, die sich zur Verbreitung von Kommunikation Mittel der Vervielfältigung bedienen. Beispiele für Medien in diesem Sinne sind u.a. Buch, Zeitung, Film und Fernsehen, Radio und auch der Computer. Den traditionellen Massenmedien wie Presse, Hörfunk und Fernsehen haften die gemeinsamen Merkmale an, dass sie sich über ein technisches Verbreitungsmittel, indirekt und einseitig an ein disperses Publikum wenden.[3] Die Kommunikation in den Massenmedien verläuft apersonal, d.h. dass sie ohne personale Interaktion vermittelt wird.

Außerdem können die Massenmedien in unterschiedliche Arten aufgeteilt werden. Somit werden die Printmedien (Texte, Bilder, Flugblätter, usw.) von den elektronischen Medien (Texte, Töne, usw.) unterschieden. Da die Inhalte von Medien durch Zeichen bzw. Codes vermittelt werden, wird auch von einer Codierung gesprochen.[4] Die Realisierung der Codierungsarten ist immer mit bestimmten Sinnesmodalitäten verknüpft. Es kann der Hörsinn, der Sehsinn, oder beide Sinne angesprochen werden. Medien, die nur den Hörsinn ansprechen, werden als auditive (Hörfunk), und die den Sehsinn ansprechen als visuelle Medien (Zeitschriften) bezeichnet. Bei den visuellen Medien können außerdem noch die visuell- statischen (Fotografie) und die visuell- dynamischen Medien (Stummfilm) unterschieden

---

[1] Pflaum, D./ Bäuerle, F. (Hrsg.): Lexikon der Werbung; Verlag Moderne Industrie; 6. überar. u. erw. Aufl. Landsberg/ Lech 1995, S. 280
[2] Tulodziecki, G.: Medien in Erziehung und Bildung; Klinkhardt Verlag; 3. Aufl. Bad Heilbrunn 1997, S. 33
[3] Jäckel, M.: Medienwirkung; Westdeutscher Verlag; Opladen/ Wiesbaden 1999, vgl. S. 46 f.
[4] Tulodziecki, G.: Medien in Erziehung und Bildung; vgl. S. 38

werden. Werden sowohl der Hörsinn, als auch der Sehsinn angesprochen, werden die Medien als audio- visuell (Fernsehen) bezeichnet.[5]

Obwohl der Begriff „Massenmedium" allgemein gebräuchlich ist und jeder weiß, was damit gemeint ist, ist er dennoch nicht ganz korrekt. Das anhaftende Merkmal der „Masse" lässt sich nicht bei jedem Medium realisieren. Denn z.B. beim Fernsehpublikum bilden die Menschen keine „Masse" im herkömmlichen Sinne, da sie sich über das ganze Land verstreuen. Sie können nicht miteinander kommunizieren oder gegenseitige Handlungen hervorrufen. Beim dispersen Publikum fällt dieser Aspekt der Kommunikation völlig weg. Aus diesem Grund definieren Günter Schweiger und Gertraud Schrattenecker den Begriff „Massenmedien", verbunden mit der „Massenkommunikation", als öffentlich (allgemein zugänglich), medial (durch Nutzung eines technischen Verbreitungsmediums), einseitig (nur vom Sender zum Empfänger), indirekt (Zeit und Ort von Produktion und Rezeption sind nicht identisch), und an ein disperses Publikum (verstreute und individuelle Nutzung) gerichtet.[6]

2.1.2. Werbung

Oftmals wird der Begriff „Werbung" unterschiedlich definiert, aber dennoch kann jeder etwas mit diesem Begriff anfangen. Nach R. Lange handelt es sich bei der Werbung um „eine vom Auftraggeber/ Unternehmen bezahlte Kommunikation".[7] Hingegen Günter Schweiger und Gertraud Schrattenecker unter Werbung eine „beabsichtigte Beeinflussung von marktrelevanten Einstellungen und Verhaltensweisen ohne formellen Zwang unter Einsatz von Werbemitteln und bezahlte Medien"[8] verstehen. Die Werbung soll überzeugen, dass das beworbene Produkt am ehesten in der Lage ist, die Bedürfnisse und Vorstellungen der Zielgruppe zu befriedigen. Dabei wird sie absichtlich zur Zweckerfüllung (Kauf des Produktes) eingesetzt, sie ist jedoch eine zwangfreie Form der Beeinflussung. Die beeinflussende Kommunikation setzt als Prozess „immer auf Beeinflussung oder

---

[5] Tulodziecki, G.: Medien in Erziehung und Bildung; Klinkhardt Verlag; 3. überarb. und erw. Auf. Bad Heilbrunn 1997, vgl. S. 38
[6] Schweiger, G./ Schrattenecker, G.: Werbung, Eine Einführung; Gustav Fischer Verlag; 4. erw. Aufl. Stuttgart 1995, vgl. S. 9
[7] Lange, R./ Didszuweit, J. R.: Kinder, Werbung und Konsum; Jünger Verlag; Frankfurt am Main 1997, S. 20
[8] Schweiger, G./ Schrattenecker, G.: Werbung, Eine Einführung, S. 9

Veränderung von Verhalten oder Einstellungen."[9] Sie hat die Aufgabe über Produkte oder Leistungen zu informieren und zu bestimmten Handlungen anzuregen.

Folglich lässt sich der Begriff „Werbung" zusammenfassend nach Haseloff definieren, als eine „öffentliche, gezielte und geplante Kommunikation der Information, der Motivation, der Überzeugung und der Manipulation eines definierten Kreises von Umworbenen zugunsten der Marktchancen eines Produktes oder des Images eines Unternehmens."[10]

2.2. Mittel der Werbung

Unter einem Werbemittel versteht man „die in Gedanken entstandene und ins Stoffliche transportierte Werbebotschaft, z.B. mittels Anzeige oder Plakat[, welche] sowohl [aus] inhaltlichen (Aussagekraft) als auch [aus] formalen (darstellungstechnischen) Elemente[n]"[11] besteht. Die häufigsten Werbemittel sind folgende: Anzeige (Inserat), Fernseh- und Hörfunkspot, Prospekt, Katalog, Werbebrief und Flugblatt, Schaufensterdekoration, Leuchtschrift und Plakat, Kundenzeitschrift und Werbegespräch.

Auf das Verbot das Kinderprogramm durch Werbung zu unterbrechen, reagierten die Sender mit kürzeren „Programmhappen", zwischen denen die Werbespots platziert wurden. Die gezielte Kinderwerbung unterscheidet sich nur wenig vom Kinderprogramm, da viel durch Zeichentrick oder Computeranimation versucht wird, die Produkte in einer Atmosphäre von Spaß, Action und Abenteuer zu präsentieren.[12]

Darum ist es nicht verwunderlich, warum gerade kleine Kinder nicht zwischen Programm und Werbung unterscheiden können. Die Unternehmen machen sich bekannte Figuren oder Helden von Serien zu nutzen, um das Produkt bei den Kindern interessant und einprägsam zu machen.

Die Werbung will die Kinder zielgruppengerecht bedienen, dabei verwendet sie verschiedene Mittel:

- sie bewirbt „kinderrelevante Produkte" wie Spielzeug, Süßigkeiten und Getränke
- sie arbeitet mit auffälligen und schnell zu erfassenden Kompositions-, Farb-,
  Schnitt- und Musikeffekten

---

[9] Lange, A./ Lüscher, K.: Kinder und ihre Medienökologie; KoPäd Verlag; München 1998, S. 19
[10] Schneider, K. u.a. (Hrsg.): Werbung in Theorie und Praxis; M + S Verlag; 3. erw. und überarb. Aufl. Waiblingen 1995, vgl. 318
[11] Ebenda: S. 441
[12] Lange, R./ Didszuweit, J. R.: Kinder, Werbung und Konsum; Jünger Verlag; Frankfurt am Main 1997, vgl. S. 47

- sie nutzt Cartoons, Comics und Animationsspots
- sie wiederholt einfache, gleiche Handlungsabläufe
- sie zeigt einen den Kindern vertrauten Familien- und Freizeitalltag, allerdings ohne Alltagskonflikte und Probleme,

und präsentiert Kinderdarsteller als Identifikationsfiguren.[13] Ebenso werden eingängige Slogans und Jingles eingesetzt, die eine schnelle Wiedererkennbarkeit und die Eingängigkeit der Werbung sichern soll.

Um die besten Ergebnisse durch Werbung zu erlangen entwickelte die Media Consult in Frankfurt ein „Phaseninduktionsmodell". Dabei wird nach „Lebensphasen, Produktinteresse und Wahrnehmungsentwicklung [differenziert], was Kinder in welchem Alter verarbeiten können und vorgeschlagen wie Werbung gemacht werden soll."[14] Als Ergebnis wurde festgehalten, dass die 3- bis 5- jährigen Kinder Elemente von Werbemitteln wiedererkennen können, und somit die Werber Protagonisten als Vorbilder einsetzen sollten. Die 6- bis 8- jährigen erfassten schon plakative Werbeargumente und die 9- bis 10- jährigen konnten argumentative Texte verarbeiten, so dass dies zur Kaufbeeinflussung genutzt werden kann.[15]

Ferner soll die Werbung beim Kunden ein Mangelgefühl erzeugen und gleichzeitig Lösungen anbieten, d.h. sie soll den Bedarf wecken und auch lenken. Dabei bedient sie sich der einfachen Methode der „Penetration", das bedeutet dass „durch ständige Wiederholungen und erhöhten Werbedruck [...] versucht [wird], eine nachhaltige Wirkung zu erzielen."[16]

2.3. Ziele der Werbung

Wie bereits unter 2.1.2. angeführt, soll die Werbung in erster Linie den Konsumenten von einem Produkt überzeugen.

Die Werbeziele lassen sich in ökonomische und kommunikative Ziele unterscheiden.

Jedoch werden die ökonomischen Ziele nicht ausschließlich der Werbung zugeschrieben, da sie vielmehr durch den gesamten Marketing- Mix beeinflusst werden.[17] Dazu gehört die „Steigerung von Umsatz oder Marktanteilen, Erhöhung

---

[13] Lange, R./ Didszuweit, J. R.: Kinder, Werbung und Konsum; Jünger Verlag; Frankfurt am Main 1997, vgl. S. 47
[14] Ebenda: S. 46
[15] Ebenda: S. 46
[16] Schneider, K. u.a. (Hrsg.): Werbung in Theorie und Praxis; M + S Verlag; 3. erw. und überarb. Aufl. Waiblingen 1995, S. 320
[17] Schweiger, G./ Schrattenecker, G.: Werbung, Eine Einführung; Gustav Fischer Verlag; 4. bearb. und erw. Aufl. Stuttgart/ Jena 1995, vgl. S. 56

der Kauffrequenz [und] die Erhöhung der Handelsattraktivität."[18] Folglich sind diese Ziele als Sekundärziele der Werbung zu beschreiben.

Die Werbung als beeinflussende Kommunikation, zielt auf das Verhalten der Konsumenten, z.B. auf den Kaufabschluss ab. Dabei geht dieser Handlung ein psychologischer Prozess voraus: „die Werbebotschaft muss aufgenommen, verarbeitet und gespeichert werden".[19] Primäres Ziel der Kommunikation ist die Aufmerksamkeit der Konsumenten für die jeweilige Werbebotschaft zu gewinnen, denn nur wenn etwas wahrgenommen wird, kann es zur einer Handlung kommen.

Kommunikative Werbeziele können sein: „Steigerung von Aktualität und Bekanntheit, Aufbau emotionaler Erlebniswelten, Differenzierung von der Konkurrenz, Aufbau und Absicherung von Markenimages oder einfach Vermittlung von Informationen."[20]

2.4. Werbung und Konsum in der kindlichen Lebenswelt

„Immer aggressiver und verführerischer kapriziert sich die Werbung auf die Kleinen und Kleinsten. Immer direkter und unverfrorener richten sich die Marketingstrategien an den Minikonsumenten mit dem Maxigeldbeutel. Sie wissen warum: Kinder und Jugendliche konsumieren gerne... Unsere Kinder werden heute als Konsumenten geboren." (M. Müller, 1997)[21]

Ein Grund der verstärkten Aufmerksamkeit für die Werbung ist die allgemeine Steigerung des „verfügbaren Einkommens und das Konsumverhalten der Kinder"[22], aber auch, dass Kinder scheinbar zunehmend auf die Konsumentscheidungen in der Familie Einfluss nehmen. Es kann durchaus davon gesprochen werden, dass Kinder heute intensiv und in vielen verschiedenen Medien der Werbung ausgesetzt sind. Es lastet ein „regelrechter Werbedruck auf ihnen".[23] Aus diesem Grund entwickelte sich auch die Art und Weise der Darstellung der Werbung weiter.

---

[18] Kloss, I.: Werbung; R. Oldenbourg Verlag; München 1998, S. 108
[19] Schweiger, G./ Schrattenecker, G.: Werbung, Eine Einführung; Gustav Fischer Verlag; 4. bearb und erw. Aufl. Suttgart/ Jena 1995, S. 57
[20] Kloss, I.: Werbung, S. 108
[21] Lange, A./ Lüscher, K.: Kinder und ihre Medienökologie; KoPäd Verlag; München 1998, vgl. S. 63
[22] Ebenda: S. 64
[23] Ebenda: S. 64

Eine wichtige Rolle spielen dabei die privaten Sender, wie RTL, Sat 1, Pro 7, oder RTL II.[24] Im Nachmittags- Sonnabend- oder Sonntagsprogrammen finden sich meist Kinderprogramme wieder, deren Charakter die Schaltung von fast ausschließlich an Kinder gerichteter Werbung ermöglicht. Gerade zur Vorweihnachtszeit findet eine „regelrechte Vernetzung von Fernsehmarkt und Spielzeugmarkt statt".[25] Ferner kann die Werbung selbst zum Programmteil werden, wie z.B. die Spiel- und Gewinnshows, oder auch die Ausstrahlung von Videoclips.[26] Gerade durch das Verbot Kinderprogramme durch Werbung zu unterbrechen, strukturierten die privaten Sender ihre Programme um. Um weiterhin Werbespots im Kinderprogramm platzieren zu können, lösten sie Sammeltricksendungen in ihre Bestandteile auf und sendeten sie so in kleinere eigenständige Teile (Sketche, Zeichentrickfilme, Gameshows, etc.).[27]

Das Fernsehen zählt heut mit zu den beliebtsten Tätigkeiten von Kindern. Nach Klingler und Windgasse 1994 beträgt die durchschnittliche tägliche Fernsehdauer ca. 104 Minuten.[28] Neben den Zeichentrickserien, setzt sich nun das Kinderprogramm auch aus einem weiteren großen Genre für Kinder zusammen, den Gameshows. Diese Kinder- Gameshows stellen ein ideales Tätigkeitsfeld für die Werbung dar. Die gestifteten Preise werden in der Sendung sichtbar platziert und gegebenenfalls werden die Markennamen genannt.[29] Durch diese auditive und visuelle Reizgebung ist der Erfolg der Einprägung des Produktes höher.

Eine weitere Form der Werbung sind die sogenannten „Kinderclubs", wie der „Disney- Club" und der „Tigerentenclub", welche bereits als eigenständiges neues Fernsehformat angesehen wird. Das dahinterstehende Erlebnismarketing möchte das Kind „explizit in ihrer Erlebniswelt abholen [...]. Die Kinder sollen [...] als ganze Menschen [angesprochen werden]."[30] Dabei erfasst der Sender den gesamten Freizeitbereich der Kinder und der Club wird zur „Zweitfamilie", in der sich die Kinder ernstgenommen fühlen.

Interessant ist daher die Analyse des Inhaltes, welche sich die Werbung zu Nutzen macht. Dieser Analyse widmeten sich u.a. Aufenanger, Kühn, Lingkost, Nowotny

---

[24] Erlinger, H. D. u.a. (Hrsg.): Handbuch des Kinderfernsehens; Ölschläger Verlag; 1. Aufl. Konstanz 1995, vgl. S. 160
[25] Ebenda: S. 160
[26] Lange, A./ Lüscher, K.: Kinder und ihre Medienökologie; KoPäd Verlag; München 1998, vgl. S. 64
[27] Erlinger H. D. u.a. (Hrsg.): Handbuch des Kinderfernsehens, vgl. S. 162
[28] Charlton, M. u.a.: Fernsehwerbung und Kinder, Band 1: Das Werbeangebot für Kinder im Fernsehen; Leske + Budrich Verlag; Opladen 1995, vgl. S. 28
[29] Ebenda: vgl. S. 29
[30] Lange, A./ Lüscher, K.: Kinder und ihre Medienökologie, S. 65

9

und Veit. Die Ergebnisse der Auswertung von Spots der Firmen Mattel und Nintendo, sowie der Produkte „Milkyway" und „Hohes C" lauteten:

1. In den Werbespots erfolgt eine Umkehrung des Generationsverhältnisses zwischen Kindern und Erwachsenen, womit eine unrealistische Zuschreibung von Handlungskompetenzen verbunden ist. In den Werbespots dominieren die Kinder über Erwachsene und gestalten die Beziehung instrumentell.

2. Kindliche Darsteller werden dazu eingesetzt, das Bild verlorengegangener Paradiese wiederzubeleben. Kinder stellen nicht nur die Projektionsfläche für die Wünsche der Erwachsenen dar, an sie kann auch gleichzeitig ein Stück Verantwortung delegiert werden.

3. In der Kinderwerbung werden kindliche Entwicklungsthemen aufgegriffen und mit dem Produkt in Verbindung gebracht. Damit wird den Kindern eingeredet, dass das in der Werbung angebotene Produkt eine Hilfestellung bei der Bewältigung der Themen sei.

4. Den in den Kinderwerbespots vorgestellten Produkten wird eine hohe Bedeutung für die kindliche Lebenswelt zugeschrieben, indem sie Freundschaften stiften, Erlebnisse schaffen oder Zauberkraft verleihen.

5. Überwiegend werden in sich abgeschlossene Geschehnisse präsentiert. Unsicherheiten des Alltags bleiben außen vor, oder erhalten eine positive Wendung. [31]

Kinder übernehmen die Medieninhalte, auch die der Werbung, in ihr Spielrepertoire auf, und ebenso die Wünsche und die Vorstellungen. Dementsprechend sind auch die Kaufwünsche der Kinder werbegeprägt. Darum schreibt der Kindheits- und Jugendforscher Ralf Vollbrecht, dass „Kinder heute als Konsumenten ernstgenommen werden, und dass insbesondere Medien Kindern eigene Lebensstile (bezogen auf Freizeit und Konsum) zugesteht. Zumindest im Konsumbereich werden Kinder eigene Standpunkte, Urteile und Handlungskompetenzen zugetraut..."[32]

Dennoch bleibt es interessant, ob Kinder Werbung als solche verstehen.. Zu diesem Thema führten Charlton, Neumann- Braun, Castello und Binder 1995 eine Studie

---

[31] Lange, A./ Lüscher, K.: Kinder und ihre Medienökologie; KoPäd Verlag; München 1998, vgl. S. 66
[32] Lange, R./ Didszuweit, J. R.: Kinder, Werbung und Konsum; Jünger Verlag; Frankfurt am Main 1997, S. 43

durch. Sie befragten 1115 Kinder im Alter von 4 bis 14 Jahren. Aus den Ergebnissen der Untersuchung wurde ein System der Entwicklung von Werbekompetenz bei Kindern entworfen:

Stufe 0: Werbung wird nicht erkannt.

Stufe 1: Werbung wird intuitiv an bestimmten Veränderungen erkannt (Lautstärke, Spielhandlung).

Stufe 2: Werbung wird an formalen Merkmalen erkannt (Fehlen des Sendersignets).

Stufe 3: Werbung wird daran erkannt, dass ein Produkt im Mittelpunkt des Films steht.

Stufe 4: Werbung wird an seiner Bedeutung erkannt und die Zuschauer verstehen deren appellativen Charakter.[33]

Aus der Untersuchung ergab sich, dass ein Viertel der Vorschulkinder von 4 bis 6 Jahren der Stufe 0 zuzuordnen waren und über alle Alterstufen hinweg nur 1 bis 2 Prozent die volle Werbekompetenz erreichten. „Etwa die Hälfte der Grundschulkinder und immer noch ein Drittel der Sekundarstufen- Schüler konnte Werbung noch nicht unabhängig vom Format erkennen."[34] Dies führt zu dem Problem, dass Kinder, gerade wenn Programmteile und Werbespots inhaltlich ähnlich gestaltet sind (z.B. durch Zeichentrickfiguren), sie nicht voneinander unterscheiden können.

In einer weiteren Studie von Leidner und Scherer 1997 zeigte sich, dass für die individuelle Verarbeitung der Werbespots, die Aufbereitung die entscheidende Rolle spielt.[35] Kinder wenden sich besonders solchen Werbesendungen zu, in denen Trickfilmfiguren vorkommen, oder ganze Geschichten erzählt werden. Im Alltag können dann die Werbeinhalte in verbalisierte Kaufwünsche auftreten.

Kinder agieren nicht nur als selbstständige Konsumenten, sondern beeinflussen auch die Kaufentscheidungen der Familie. So werden sie zur alltäglichen Bewertung von Werbung mit hinzugezogen, oder beraten bei der Entscheidung von Möbel, Autos, oder dem Urlaubsziel.[36] Vor allem im Hinblick auf Süßigkeiten, Getränken, oder Joghurt ist der Einfluss der Kinder besonders groß. Die Begründung der Eltern,

---

[33] Lange, A./ Lüscher, K.: Kinder und ihre Medienökologie; KoPäd Verlag; München 1998, vgl. S. 68
[34] Ebenda: S. 68
[35] Ebenda: vgl. S. 69
[36] Lange, R./ Didszuweit, J. R.: Kinder, Werbung und Konsum; Jünger Verlag; Frankfurt am Main 1997, vgl. S. 51

warum sie die Wünsche der Kinder erfüllen, fällt dabei sehr unterschiedlich aus: „das Kind kennt sich mit dem Produkt besser aus", „das Kind ist zufriedener", wenn auf seine Wünsche eingegangen wird", oder „ich will meine Ruhe haben".[37] Eltern bestätigen, dass ihre Kinder mehr Wünsche haben, wenn sie beim Einkauf dabei sind und auch dass die Wünsche der Kinder im Warenhaus von denen Zuhause abweichen können. Dennoch sind Kinder nicht grundsätzlich die Kaufentscheider, denn wenn sich die Eltern gegen den Erwerb eines Produktes stellen, lassen sich die Wünsche der Kinder nur schwer realisieren.[38] Doch auch damit rechnet die Werbung. Ihre Reaktion darauf ist es die Eltern mit in die Werbung zu integrieren.

Für die Medienpädagogik ist es interessant, welche Konsequenzen die Werbung auf die soziale, psychische, emotionale und moralische Entwicklung junger Menschen hat. Doch dazu gibt es noch nicht hinreichende Forschungsergebnisse. Die Pädagogen Baacke, Sander und Vollbrecht, halten die Position der Pädagogik zu Konsum und Werbung für problematisch, da „die berechtigte Sorge um die Heranwachsenden [...] den Blick auf die Kompetenzen, die Kinder im Umgang mit Medien und der Werbung entwickeln"[39] verstellt.

Die Werbung ist schon lange als „Manipulationsmacht" in der Diskussion. Es wird von „unterschwelliger Beeinflussung" gesprochen und als Argument der wachsende Werbedruck angeführt. Forscher verwiesen dabei auf die „Quantität, Intensität und Aggressivität , mit denen die Werbung die Kinder kontaktiert."[40] Werbebotschaften sind zum Teil des Alltages der Kinder geworden, dennoch weisen die Pädagogen Baacke, Sander und Vollbrecht die Ängste zurück, dass die Kinder durch die Werbung eine psychische Deformation erleiden.[41] Vielmehr sind die der Meinung, dass die Werbung nicht isoliert in die Kritik genommen werden sollte. „Die Auseinandersetzung mit Werbung und ihrer Bedeutung für Kinder ist, [...], zugleich eine Auseinandersetzung mit unserer Öffentlichkeits- und Privatkultur."[42] Kinder müssen sich mit den Themen Drogen, Alkohol, Freizeit und Liebe auseinandersetzen, und somit auch mit dem Thema Werbung.

---

[37] Lange, R./ Didszuweit, J. R.: Kinder, Werbung und Konsum; Jünger Verlag; Frankfurt am Main 1997, S. 52
[38] Ebenda: vgl. S. 52
[39] Ebenda: S. 108
[40] Ebenda: S. 108
[41] Ebenda: vgl. S. 109
[42] Lange, R./ Didszuweit, J. R.: Kinder, Werbung und Konsum, S. 109

12

Medienpädagogen geben jedoch auch ein Stück Entwarnung. Die Mehrzahl der Kinder können mit der Werbung souverän umgehen. Dies hängt aber vor allem mit einem höheren Bildungshintergrund, besserem Einkommen der Eltern und guter pädagogischer Förderung im Vorschulbereich zusammen.[43] Folglich ergeben sich daraus drei Möglichkeiten des Umganges mit Werbung für die Kinder:

1. „Werbung als informationshaltiges Unterhaltungsangebot, das einem souveränen Nutzer eigene kulturelle Spielräume und Entscheidungsmöglichkeiten offen hält.

2. Werbung kann fungieren als stimmungsstimulierender Verführer und Kaufinitiator – bei kindlichen Partnern mit eingeschränkter Handlungs-Souveränität und mangelhafter Verfügung über Handlungsalternativen.

3. Werbung kann erlebt werden als Wunschwelten bannender Faszinationsbereich mit starken Frustrationseffekten bei den Nutzern, denen es nicht gelingen kann, die angebotenen Traumwelten in ihre Wirklichkeit hinüberzuretten."[44]

Ein Ziel des Umganges mit der Werbung sollte sein, dass die Werbekompetenz der Kinder gefördert wird. Um dieses Ziel umzusetzen, wurden unterschiedliche Schwerpunkte entwickelt:

- Die Fähigkeit Werbung und Programm anhand formaler Kriterien unterscheiden
- Merkmale von Werbung beschreiben können
- das Wissen, wer Werbung in Auftrag gibt und wer sie produziert
- das Wissen was Werbung will.[45]

Es bleibt zu beachten, dass die Fähigkeit Werbung zu erkennen dennoch altersabhängig ist. 4- 6- jährige erfahren die Medien ganzheitlich. Ihnen fällt die Differenzierung schwerer als älteren Kindern. Vorschulkinder verstehen was die Werbung von ihnen möchte und Kinder ab dem 11. Lebensjahr verstehen in der Regel, dass Werbung sich an sie persönlich wendet und auf ihre Kaufentscheidung Einfluss nehmen möchte.[46]

Abschließend formuliert Leidner und Scherer 1997 in ihrer Zusammenfassung:

---

[43]Lange, R./ Didszuweit, J. R.: Kinder, Werbung und Konsum; Jünger Verlag; Frankfurt am Main 1997, vgl. S. 110
[44] Ebenda: S. 111
[45] Ebenda: vgl. S. 113
[46] Ebenda: vgl. S. 113

„Zusammenfassend lässt sich sagen, dass wir die wechselseitige Beziehung von Alltagsleben und kindlicher Werberezeption bestätigen konnten. Die Werbung beeinflusst den Alltag, beim Einkaufen wird auf Werbeinhalte hingewiesen, Werbeslogans treten in Spielen auf. Das Alltagsleben beeinflusst aber umgekehrt auch die Werberezeption. Dies wird besonders deutlich, wenn Kinder Werbespots zu im Haushalt vorhandenen Produkten besser erinnern und besser verstehen."[47]

---
[47] Lange, A./ Lüscher, K.: Kinder und ihre Medienökologie; KoPäd Verlag; München 1998, S. 69

14

3. Schluss

Die Werbung gehört heute mit zum Alltag der Kinder. Gerade durch das Medium „Fernseher", welches ebenso zur Freizeit der Kinder gehört wie Spielen, stehen die Kinder unter einer Vielzahl von Werbeeindrücken. Somit kann die Werbung bewusst in den Alltag der Kinder eingreifen. Durch die große Beeinflussbarkeit, welche Kinder ihren Eltern gegenüber haben, machen sich die Werbetreibenden dies zu Nutzen und „verpacken" ihre Produkte verlockend in kindgerechte Werbekonzepte. Mit steigendem Alter wächst jedoch die Werbekompetenz und die Kinder sind in der Lage die umworbenen Produkte kritisch zu betrachten. Aus der Darstellung wird deutlich, dass die besondere Problematik der Werbekompetenz in der Altersgruppe der Vor- und Grundschulkinder liegt. Oftmals sind sie nicht in der Lage zwischen Werbung und Programm zu unterscheiden.

Da eine gesamte Isolierung der Kinder vor der Werbung nicht möglich ist, erscheint es sinnvoller, den Kinder einen kritischen Umgang beizubringen. Je älter die Kinder werden, desto besser kann ihnen aufgewiesen werden, welche Scheinwelt die Werbung produziert und welche Mittel sie sich bedient. In der Werbung werden nicht nur Generationsverhältnisse umgekehrt, sondern auch Paradiese vorgeführt, die der Realität nicht entsprechen., oder „Allhilfsmittel", die ihnen das Leben leichter gestalten. Mit steigendem Alter sammeln die Kinder Erfahrungen mit Produkten und lernen, dass vieles von dem, was die Werbung verspricht, das Produkt nicht hält.

Neben dieser direkten „Werbeerziehung" ist die Beobachtung der Wünsche der Kinder ebenso wichtig. Nicht alles sollte verboten werden, was mit Werbung oder Konsum zu tun hat, aber dennoch bleibt zu schauen, dass die Kinder ihr Selbstwertgefühl aus anderen Dingen gewinnen, als aus z.b. Markenartikeln.

Als ebenso wichtige medienerzieherische Aufgabe ist die richtige Nutzung der Medien anzusehen. Folglich sind einige Ziele mit den Kindern anzustreben:

1. „ Fähigkeit erwerben, eine sinnvolle Auswahl aus dem Programmangebot für unterschiedliche Funktionen vorzunehmen (Unterhaltung, Information, Spiel)

2. Alternativen zum Mediumkonsum erfahren und nutzen

3. in die Lage versetzt werden, in konflikthaften Situationen begründete Entscheidungen zum Medienverhalten zu treffen."[48]

---

[48] Tulodziecki, G.: Medien in Erziehung und Bildung; Klinkhardt Verlag; 3. überarb. und erw. Aufl. Bad Heilbrunn, S. 144

15

4. Literaturverzeichnis

Charlton, Michael/ Neumann- Braun, Klaus/ Aufenanger, Stefan/ Hoffmann- Riem, Wolfgang u.a.: Fernsehwerbung und Kinder, Band 1: Das Werbeangebot für Kinder im Fernsehen; Leske + Budrich Verlag; Opladen 1995.

Erlinger, Hans Dieter u.a. (Hrsg.): Handbuch des Kinderfernsehens; Ölschläger Verlag; 1. Aufl. Konstanz 1995.

Jäckel, Michael: Medienwirkung; Westdeutscher Verlag; Opladen/ Wiesbaden 1999.

Kloss, Ingomar: Werbung; R. Oldenbourg Verlag; München 1998.

Lange, Andreas/ Lüscher, Kurt: Kinder und ihre Medienökologie; KoPäd Verlag; München 1998.

Lange, Rainer/ Didszuweit, J. Rainer: Kinder, Werbung und Konsum; Jünger Verlag; Frankfurt am Main 1997.

Pflaum, Dieter/ Bäuerle, Ferdinand (Hrsg.): Lexikon der Werbung; Moderne Industrie Verlag; 6. überarb. und erw. Aufl. Landsberg/ Lech 1995.

Schweiger, Günter/ Schrattenecker, Gertraud: Werbung, Eine Einführung; Gustav Fischer Verlag; 4. völlig neu bearb. und erw. Aufl. Stuttgart/ Jena 1995.

Schneider, Karl u.a. (Hrsg.): Werbung in Theorie und Praxis; M + S Verlag; 3. erw. und überarb. Aufl. Waiblingen 1995.

Tulodziecki, Gerhard: Medien in Erziehung und Bildung; Klinkhardt Verlag; 3. überarb. und erw. Aufl. Bad Heilbrunn 1997.

Lightning Source UK Ltd.
Milton Keynes UK
UKRC020202220319
339635UK00001B/13